essentials

Essentials liefern aktuelles Wissen in konzentrierter Form. Die Essenz dessen, worauf es als „State-of-the-Art" in der gegenwärtigen Fachdiskussion oder in der Praxis ankommt. Essentials informieren schnell, unkompliziert und verständlich.

- als Einführung in ein aktuelles Thema aus Ihrem Fachgebiet
- als Einstieg in ein für Sie noch unbekanntes Themenfeld
- als Einblick, um zum Thema mitreden zu können.

Die Bücher in elektronischer und gedruckter Form bringen das Expertenwissen von Springer-Fachautoren kompakt zur Darstellung. Sie sind besonders für die Nutzung als eBook auf Tablet-PCs, eBook-Readern und Smartphones geeignet.

Essentials: Wissensbausteine aus Wirtschaft und Gesellschaft, Medizin, Psychologie und Gesundheitsberufen, Technik und Naturwissenschaften. Von renommierten Autoren der Verlagsmarken Springer Gabler, Springer VS, Springer Medizin, Springer Spektrum, Springer Vieweg und Springer Psychologie.

Urs Alter

Verhandeln als Kommunikations-kompetenz

Grundlagen für erfolgreiches
Verhandeln in Führung,
Betrieb und Alltag

 Springer

Dr. Urs Alter
Zürich
Schweiz

ISSN 2197-6708   ISSN 2197-6716 (electronic)
essentials
ISBN 978-3-658-08014-3   ISBN 978-3-658-08015-0 (eBook)
DOI 10.1007/978-3-658-08015-0

Die Deutsche Nationalbibliothek verzeichnet diese Publikation in der Deutschen Nationalbibliografie; detaillierte bibliografische Daten sind im Internet über http://dnb.d-nb.de abrufbar.

Springer
© Springer Fachmedien Wiesbaden 2015

Gedruckt auf säurefreiem und chlorfrei gebleichtem Papier

Springer Fachmedien Wiesbaden ist Teil der Fachverlagsgruppe Springer Science+Business Media (www.springer.com)

Was Sie in diesem Essential finden können

- Einen schnellen und entlastenden Zugang zum Thema Verhandeln, das für viele Menschen eine Kommunikationsform ist, mit der sie sich schwertun
- Einen Überblick zu den wichtigsten Kommunikationskompetenzen, die Verhandlungen in der Führungsarbeit, im Beruf und im Alltag erfolgreich machen und die Sie lernen können
- Konkrete Hinweise für die Vorbereitung und Durchführung von Verhandlungen, so dass Sie mit mehr Sicherheit und Freude verhandeln können
- Praktische Anregungen zur Gesprächsführung in Verhandlungen, zu Überzeugungsstrategien und zum Umgang mit Manipulationstechniken
- Grundlegende Leitlinien für besondere Verhandlungssituationen und Anregungen zur vertieften Auseinandersetzung mit dem Thema Verhandeln

Inhaltsverzeichnis

Einleitung 1

Viele Menschen sind der irrigen Ansicht, dass Verhandlungen wenig mit ihrer eigenen Lebensrealität zu tun haben, sondern Aufgabe der Repräsentanten von Staaten,
Unternehmen, Interessengruppen wie Gewerkschaften, Arbeitgebern, Parteien etc.
sind. Doch Verhandlungen gibt es immer nur zwischen Menschen, denn nur Menschen können miteinander verhandeln, und ob es Ihnen passt oder nicht: Sie selber
müssen immer wieder verhandeln. Sie können als Vorgesetzte einem Mitarbeitenden nicht den verlangten Lohn geben; Sie sind mit einem Handwerker unzufrieden
und diskutieren die Rechnung; Ihre minderjährige Tochter will ins Popkonzert am
Samstagabend – dies alles sind Verhandlungssituationen. Was solche Kommuni-
kationssituationen schwierig und für viele Menschen unangenehm macht, ist die
Scheu vor Konflikten. Denn es sind immer mindestens zwei Parteien beteiligt, die
unterschiedliche Interessen, Sichtweisen und Lösungsvorschläge haben und diese
vielleicht sehr beharrlich vertreten. Wie aber geht man am besten damit um, wenn
man überhaupt nicht gleicher Meinung ist und sich doch einigen muss? Diese Frage zielt auf den Kern der Kommunikationskompetenz beim Verhandeln.

‚Verhandeln als Kommunikationskompetenz‘ ist doppeldeutig. Einerseits ist
Verhandeln an sich eine wichtige Kommunikationskompetenz, die uns hilft, mit
schwierigen Situationen im Leben umzugehen. Anderseits umfasst diese ein gan-
zes Bündel von Fähigkeiten, welche wir hier weitgefasst als Kommunikationskompetenzen für erfolgreiches Verhandeln verstehen. Dieses Essential gibt einen
Überblick zu diesen Kompetenzen. Natürlich ist dabei die Gesprächsfähigkeit in
Verbindung mit Gesprächslenkungstechniken zentral. Doch wer erfolgreich verhandeln will, muss ebenso um all die anderen Aspekte wissen, welche Verhandlungen erfolgreich machen oder eben scheitern lassen. Deshalb thematisiert die-

© Springer Fachmedien Wiesbaden 2015   1
U. Alter, *Verhandeln als Kommunikationskompetenz*, essentials,
DOI 10.1007/978-3-658-08015-0_1

ses Essential auch die Vorbereitung von Verhandlungen, das Rollenverständnis, Überlegungen zum Setting, die Kenntnis vom Phasenverlauf in Verhandlungen, das Wissen um die Schwächen von Argumenten beim Überzeugen, das Erkennen manipulativer Techniken und von besonders schwierigen Verhandlungssituationen. Solche Aspekte wirken unmittelbar auf die Kommunikationssituation des Verhandelns ein und beeinflussen dessen Verlauf stark. Die Fähigkeiten, solche Aspekte zu berücksichtigen, sie zu erkennen und mit ihnen umzugehen, gehören deshalb ebenso zu den Kommunikationskompetenzen beim Verhandeln wie Gesprächsfähigkeit.

Verhandlungen gehören zu den komplexesten Kommunikationsformen, weil sie bei den Beteiligten ein breites Repertoire an Kommunikationskompetenzen voraussetzen. Diese sind in ihren grundlegenden Ausrichtungen und Ausprägungen unabhängig von den verschiedenen Rollen, in denen verhandelt wird: Was z. B. für eine Führungskraft nützlich ist, gilt auch für Mitarbeitende, für Kunden, Lieferanten, Eltern, Handwerker, Mieter, Vermieter etc. Vieles davon kann gelernt werden. Zum Glück, denn Verhandlungen sind alltäglich und jedermann/jedefrau muss immer wieder verhandeln. In diesem Essential geht es deshalb auch darum, Ihnen mit konkreten Hinweisen Sicherheit beim Verhandeln zu vermitteln und Mut und Lust zum Verhandeln zu machen.

Verhandlungen als Ausweg aus einem Kommunikationsdilemma

2

2.1 Was sind Verhandlungen?

Am Anfang einer Verhandlung steht immer ein Problem, aus dem ein Konflikt erwächst. Von einer Verhandlung kann jedoch nur gesprochen werden, wenn es sich bei der Konfliktlösung um eine Aussprache handelt, die zu einem Interessenausgleich und zu einem gemeinsamen Beschluss führt. Bei Verhandlungslösungen müssen immer alle Beteiligten einverstanden sein. Deshalb wird oft auch ein Vertrag am Ende einer Verhandlung unterschrieben. Diese Gemeinsamkeit am Schluss wird möglich, wenn Verhandelnde vom Konflikt zum vorhandenen Problem (Sachebene) zurückkehren, bei der Lösungssuche einen Spielraum haben und dabei auch bereit sind, einander entgegenzukommen (Abb. 2.1).

Mit dieser Definition ist auch gesagt, wann eine *Verhandlung nicht angesagt* ist oder wann man nicht von einer Verhandlung sprechen kann:

- Wenn die Lösung des Problems von vornherein feststeht und kein Spielraum mehr bei der Lösungssuche vorhanden ist. Dann geht es um Überzeugen oder Durchsetzen (vgl. dazu Kap. 9).
- Wenn die betroffenen Parteien kein Interesse an einer Lösung haben. Dann geht es um eine mögliche Intervention von Außenstehenden.
- Wenn es sich weniger um ein sachliches Problem handelt, das mit einem Interessenausgleich zu lösen ist, als vielmehr um einen beziehungsmäßig aufgeladenen Konflikt. Dann ist eine Methode wie die Mediation geeignet (siehe dazu Montada und Kals 2013).

© Springer Fachmedien Wiesbaden 2015
U. Alter, *Verhandeln als Kommunikationskompetenz,* essentials,
DOI 10.1007/978-3-658-08015-0_2

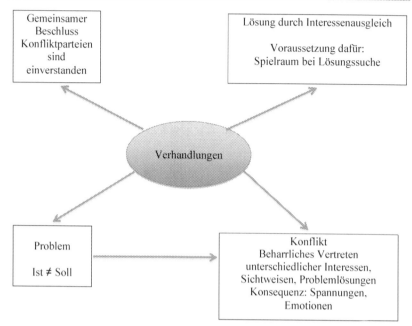

Abb. 2.1 Wann spricht man von Verhandlungen?

2.2   Die falsche Alternative: hart oder weich

Verhandlungen sind eine Strategie in der Kommunikation, mit der Menschen versuchen, mittels eines Interessenausgleichs eine Lösung bei unterschiedlichen Standpunkten herbeizuführen. Dies bedingt spezifische Kommunikationskompetenzen im Umgang miteinander. In Bezug auf diese hilfreichen Kompetenzen befinden sich viele Menschen in einem Dilemma, denn sie kennen nur zwei Verhandlungsstrategien: die harte und die weiche. Wenn sie *hart verhandeln*, betrachten sie solche Situationen als Machtkämpfe, bei denen es um das Durchsetzen der eigenen Position und den Sieg über die Gegenseite geht. Klar ist dabei, dass dies nicht gut für die Beziehung ist und die weitere Zusammenarbeit gefährdet. Wenn die Menschen *weich verhandeln*, gehen sie davon aus, dass sie alles tun müssen für eine gute Beziehung, sie wollen durch Zugeständnisse persönliche Konflikte vermeiden und so eine friedliche Einigung erreichen. Oft stellen sie nachher fest, dass ihre Gutmütigkeit ausgenutzt wurde und dass die Lösung des Verhandlungsproblems vor allem der Gegenseite dient. Damit ist jedoch ebenso die Beziehung wie die weitere Zusammenarbeit gefährdet. Was also ist zu tun, um dieses Dilemma erfolgreich zu lösen?

2.3 Merkmale guter Verhandlungen[1]

Wenig überlegte Kommunikationsstrategien tragen oft dazu bei, dass aus Problemen Konflikte werden. So wird aus einem sachlichen Problem (z. B. „Was ist eine angemessene Rückkehrzeit vom Popkonzert für die minderjährige Tochter?") ein Konflikt, weil die Verhandlungspartner stur auf ihren Positionen beharren. Die Konsequenz ist absehbar: Es entstehen Spannungen, es wird emotional. In guten Verhandlungen werden daher Kommunikationsstrategien eingesetzt, welche aus Konflikten wieder Probleme machen, wo Sach- und Beziehungsebene der Kommunikation nicht bunt vermischt sind wie im Beispiel der minderjährigen Tochter, wo der Vater sagt: „Wenn Du mich wirklich gern hast, dann bist Du um zehn Uhr zuhause."

Wer gut verhandeln will, muss zwei Grundinteressen von Verhandlungspartnern gleichzeitig gerecht werden:

- Auf der *Sachebene* muss eine Übereinkunft erzielt werden, welche die sachlichen Interessen der Verhandelnden am Verhandlungsgegenstand berücksichtigt.
- Auf der *Beziehungsebene* muss eine Übereinkunft erzielt werden, welche die beziehungsmäßigen Interessen der Verhandelnden berücksichtigt.

Die *sachlichen Interessen* sind natürlich dann berücksichtigt, wenn das Verhandlungsziel, das man festgelegt hat (die angestrebte eigene Lösung), auch erreicht wird. Dann spricht man von der *Effektivität einer Verhandlung*. Allerdings sind ja immer mindestens zwei Parteien an einer Verhandlung beteiligt, d. h. die sachlichen Interessen bzw. Ziele können unterschiedlich sein. Effektivität hängt damit vom Verhandlungsergebnis beider Parteien ab. Mit unverrückbaren Forderungen in eine Verhandlung zu gehen, ist deshalb nicht sinnvoll. Dann kann es geschehen, dass kein Verhandlungspartner sein Ziel erreicht, die Verhandlung scheitert und in einem hohen Maß ineffektiv ist. Bei der Lösung des Problems muss man deshalb immer flexibel sein. Dafür braucht man einen *Spielraum*. Ohne diesen kann man gar nicht verhandeln. Nur Spielraum ermöglicht kompromissorientiertes Verhandeln. Wenn dieser *Kompromiss* für beide stimmt, haben wir eine *Win-win*-Situation geschaffen.

---

[1] Dieses Kapitel erschien bereits in Alter (2011).

Die *beziehungsmäßigen Interessen* sind dann berücksichtigt, wenn die Verhandlung auf der *Basis einer guten Beziehung* geführt wird. Dazu gehören Wertschätzung, Partnerschaft, ein Mindestmaß an Vertrauen, gegenseitiges Ernstnehmen, positive Arbeitsatmosphäre. Wenn jemand von einer wirklich guten Verhandlung spricht, dann sind solche Aspekte berücksichtigt. Die Wahl der Verhandlungsmethode und der Kommunikationsstrategien hängt von diesen beziehungsmäßigen Interessen ab:

- Muss ich weiterhin mit dem/der Verhandlungspartner/in zusammenarbeiten oder habe ich später wieder mit ihm/ihr zu tun?
- Welche Konsequenzen bin ich bereit, in Kauf zu nehmen?

Wenn Sie auf einem Basar etwas möglichst günstig erstehen wollen, müssen Sie sich nicht um beziehungsmäßige Aspekte kümmern und müssen in Ihrer Methode und Ihren Strategien nicht wählerisch sein. Doch die meisten Verhandlungen führt man mit Menschen, mit denen man weiterhin zusammenarbeitet oder zusammenlebt. Deshalb tut man gut daran, sachorientierte Verhandlungsmethoden zu wählen und nicht auf beziehungsschädigende Strategien zu setzen, welche in Verhandlungen Gewinner und Verlierer schafft.

Dies schließt nicht aus, dass es durchaus Phasen in Verhandlungen gibt, wo man hart verhandeln muss. Die Frage dabei ist, in Bezug auf was man hart bleiben muss. Eine einfache Antwort darauf ist: Hart bleiben in den Interessen (werden diese z. B. in den sachlichen Lösungen genügend berücksichtigt bzw. ausgeglichen?) und weich sein (i. S. von flexibel sein) in der Beziehungsgestaltung (was kann ich z. B. noch tun, um mir gegenüber Vertrauen zu schaffen?). Es geht in Verhandlungen nicht darum, ein starkes Ego zu haben, das nirgends nachgibt. Vielmehr ist es wichtig zu wissen, wo man sinnvollerweise nachgeben sollte und wo nicht. Denn nur so kann ein gemeinsames Problem gelöst werden.

Verhandlungsmethoden

3

3.1 Faire Methoden

Bei Verhandlungen können faire und unfaire Methoden[1] unterschieden werden. Diese Unterscheidung hat mit einem breit akzeptierten Wertesystem in demokratischen Gesellschaften zu tun (siehe dazu Erbacher 2010, S. 168 ff.). Das Fundament demokratischer Gesellschaften und eines funktionierenden freien Marktes sind gleichberechtigte und kooperative Beziehungen, die vor allem in der Art der Kommunikation sowie in der Legitimation von Macht sichtbar werden.

Von fairen Verhandlungsmethoden spricht man, wenn durch gemeinsames Erarbeiten, durch Argumentieren und Überzeugen sowie durch einen legitimen Einsatz von Macht Verhandlungslösungen herbeigeführt werden. Im Zentrum steht dabei die beste Lösung für ein Sachproblem, ohne dass die davon betroffenen Personen angegriffen oder absichtlich getäuscht werden. Wir unterscheiden drei faire Verhandlungsmethoden:

- **Sachorientierte Methoden**
  Ziel ist, eine gemeinsame Lösung zu finden, welche die Interessen beider Parteien befriedigt. Verhandeln wird als gemeinsames Problemlösen verstanden. Die bedeutendste Methode ist dabei das *Harvard Konzept* (Fisher et al. 2013).

---

[1] Diese Unterscheidung und die dabei dargestellten Methoden gehen von Holz (1982) aus. Saner (2008) und Erbacher (2010) nehmen in ihren Grundlagenwerken andere Unterscheidungen vor, die dem Autor weniger prägnant erscheinen für das Verstehen von Verhandlungsmethoden.

© Springer Fachmedien Wiesbaden 2015
U. Alter, *Verhandeln als Kommunikationskompetenz*, essentials,
DOI 10.1007/978-3-658-08015-0_3

7

In der Verhandlungsliteratur spricht man auch von *integrativem Verhandeln* (Saner 2008, S. 85 ff.), weil es bei der sachorientierten Methode darum geht, einander widerstrebende Interessen in eine Verhandlungslösung zu integrieren. Dies ist möglich, weil in Verhandlungen immer auch mehrere ‚Gegenstände' verhandelt werden können und so ein Interessenausgleich geschaffen werden kann. So kann z. B. der Vorgesetzte zwar nicht mehr Lohn geben, dafür aber finanzielle oder zeitliche Unterstützung bei einer Weiterbildung anbieten; mit dem Handwerker kann vereinbart werden, dass bei einem so hohen Rechnungsbetrag noch eine zusätzliche Kontrolle gemacht werden muss; mit der Tochter kann vereinbart werden, dass sie die mitgehende Kollegin vorher vorstellt. Solche Interessenausgleiche haben immer mit der Kommunikationshaltung zu tun: Wenn Du mir hier entgegenkommst, dann bin ich bereit, Dir dort entgegenzukommen.

Im vorliegenden Essential werden die Kommunikationskompetenzen vor allem im Zusammenhang mit der sachorientierten Methode vermittelt, weil wir überzeugt sind, dass letztlich gute Verhandlungen immer sachorientiert ausgerichtet sind und dabei die beziehungsmäßigen Interessen genügend berücksichtigen.

• **Gewinnorientierte Methoden**

Ziel ist, die eigenen Interessen und die eigene Lösung mit argumentativen Mitteln durchzusetzen. Der Standpunkt der Gegenpartei wird durch Argumente geschwächt, der eigene Standpunkt gestärkt, um von der eigene Lösung zu überzeugen (die natürlich durchaus die beste für beide Parteien sein kann). Gewinnorientierung und Argumentieren im Dialog sind Grundpfeiler in unserem Gesellschaftssystem. Deshalb ist die gewinnorientierte Methode die am häufigsten verwendete. Allerdings: Häufig beginnen Verhandlungen gewinnorientiert (z. B. Maximalforderungen) und gehen dann in sachorientiertes Verhandeln über, wenn klar wird, dass ein Verhandlungsziel nur durch einen Kompromiss erreicht wird. Es nützt einem auch nichts, wenn man zwar die beste Lösung hat, doch die Gegenpartei davon nicht überzeugt werden kann.

In der Verhandlungsliteratur spricht man auch von *distributivem Verhandeln* (Saner 2008, S. 41 ff.). Verhandlungssituationen werden als Verteilungskämpfe gesehen, weil der ‚Kuchen' begrenzt ist: Was der eine mehr bekommt, geht dem anderen verloren. Viele Preisverhandlungen werden auf dieser Grundlage geführt. Dies führt zu einer Auseinandersetzung mit Maximal- und Minimalpositionen.

Am bekanntesten ist bei der gewinnorientierten Methode die Strategie des *Feilschens*. Feilschen sollte man in der Regeln nur über einfache Verhandlungsgegenstände (z. B. um den Preis eines Gegenstands auf dem Basar). Mit Feilschen wird nämlich sehr bald die Beziehung in Frage gestellt, weil man sich nicht mehr ernst genommen fühlt und sich als Feilscher selber unglaubwürdig macht. Wyss und Pelosi (2013, S. 54 ff.) gehen neben dem Feilschen noch auf andere durchaus faire Verhandlungsstrategien ein, wenn man einfach gewinnen will.

- **Machtorientierte Methoden**
  Ziel ist, durch bewussten Einsatz von Machtmitteln (z. B. Sanktionen) die eigene Position systematisch zu stärken und die des Gegners zu schwächen, um die eigenen Interessen durchzusetzen. Diese Methode wird oft eingesetzt, um einen Partner wieder an den Verhandlungstisch zurückzubringen (z. B. durch Streiks bei Lohnverhandlungen oder durch Sanktionen gegenüber Staaten).
  Machtorientierte Methoden sind nur dann faire Methoden, wenn die eingesetzten Machtmittel legitimiert sind (z. B. durch ein Streikrecht, durch eine UNO-Abstimmung). Sie sind jedoch immer problematisch, weil durch den Einsatz von Machtmitteln die Beziehung dauerhaft gestört werden kann.
  In diesem Essential wird auf diese Methode nicht näher eingegangen, weil bei der machtorientierten Methode Menschen einander nicht mehr in einer Verhandlungssituation gegenüberstehen, sondern Fakten geschaffen werden, die einen Verhandlungspartner direkt treffen, um ihn von seinem Standpunkt abzubringen.

3.2   Unfaire Methoden

Darunter verstehen wir Methoden, die ein Verhandlungsergebnis durch Angriffe auf die Person oder durch Täuschungsmanöver und Lügen erreichen wollen:

- **Destruktive Methoden**
  Die Person der Gegenpartei (und nicht die Sache!) wird angegriffen, um die eigenen Interessen und Lösungen leichter durchsetzen zu können.
- **Manipulative Methoden**
  Durch Täuschungsmanöver werden die eigenen Interessen auf Kosten der Gegenpartei durchgesetzt, gleichzeitig wird dieser Tatbestand verschleiert.

Diese Methoden sind unfair, weil sie eine gleichberechtigte und kooperative Beziehung ausschließen. Die Rhetorik-Literatur bezeichnet diese beiden Methoden als *Manipulationstechniken*. Die Kenntnis solcher Techniken ist notwendig, um zu wissen, wie man sich dagegen wehren kann. Darauf wird in Kap. 9 eingegangen.

Leitlinien für erfolgreiches Verhandeln

4

Bei einer ‚guten' Verhandlung wird eine Lösung erarbeitet, die allen beteiligten Parteien nützt und von diesen als fair empfunden wird. Dabei sind folgende Grundprinzipien sachorientierten Verhandelns des *Harvard-Konzepts* (Fisher et al. 2013) hilfreich:

- **Sachprobleme und Menschen nicht vermischen**
  In jeder Verhandlung müssen zwei Ebenen berücksichtigt werden: Einerseits geht es um Sachfragen (Termine, Kosten, Lösungen, Beurteilungskriterien), anderseits um Beziehungsaspekte (Gefühle, Kommunikationsstile, gegenseitiges Vertrauen). Wenn man sich erfolgreich um beide Ebenen bemühen will, müssen sie voneinander getrennt werden, denn in Konfliktsituationen vermischen sich diese Ebenen („Wenn Du mich wirklich gern hast, bist Du um 10 Uhr zuhause"). Es geht darum, eine Beziehung aufzubauen, die unabhängig ist von der Übereinstimmung in der Sache. Menschen und Sachprobleme trennen bedeutet in Verhandlungen beispielsweise, sich in die Lage des Gegenübers zu versetzen und über Vorstellungen beider Seiten zu sprechen, Emotionen zu akzeptieren und zu versuchen, diese zu verstehen, darüber nachzudenken, was man für den Aufbau gegenseitigen Vertrauens tun kann.
- **Auf Interessen statt auf Positionen konzentrieren**
  Das Beharren auf eigenen Positionen blockiert den Fortschritt von Verhandlungen. Man versucht dann weiterzukommen, indem man miteinander um die Positionen *feilscht*. Man sieht die Möglichkeit einer Einigung irgendwo auf einer Linie zwischen den eingenommenen Positionen. Das legt die Suche nach einer einzigen richtigen Lösung nahe. Doch hinter diesen Positionen liegen

© Springer Fachmedien Wiesbaden 2015
U. Alter, *Verhandeln als Kommunikationskompetenz,* essentials,
DOI 10.1007/978-3-658-08015-0_4

Interessen, für deren Berücksichtigung es auch andere und bessere Lösungen geben kann. Feilschen dagegen fördert das Misstrauen und ist oft ineffizient. Die Konzentration auf Interessen öffnet den Fächer für Lösungsmöglichkeiten. Wenn man dies tut, entdeckt man auch gemeinsame Interessen. Das schafft eine gute Basis für gemeinsame Lösungen.

- **Mehrere Optionen entwickeln**
  Optionen sind Entscheidungsmöglichkeiten für Lösungen. Sie müssen in Verhandlungen immer mehrere Lösungsmöglichkeiten zur Hand haben oder dafür sorgen, dass solche Lösungen entwickelt werden. Es gibt allerdings verschiedene Hindernisse bei der Entwicklung von Optionen: Man ist von der Richtigkeit der eigenen Position (Lieblingslösung) überzeugt und übersieht bessere Lösungen, man sucht von Anfang an nach der ‚richtigen' Lösung und verhindert durch vorschnelles Beurteilen den Einfallsreichtum, man ist auf ein Entweder-Oder eingeschworen. Deshalb müssen Sie sich in Verhandlungen ständig fragen: Wie können die eigenen Interessen und die legitimen Interessen der Gegenseite befriedigt werden und was sind Möglichkeiten für Interessenausgleiche?

- **Neutrale gemeinsame Beurteilungskriterien anwenden**
  Die Akzeptanz einer Lösung hängt davon ab, ob sie der Sache gerecht wird und als fair empfunden wird. Bei Entscheidungen für Lösungen müssen deshalb Kriterien angewendet werden, die unabhängig sind von den Machtverhältnissen der Verhandlungsparteien. Die Kriterien müssen auch für Außenstehende sinnvoll sein. Dann handelt es sich um neutrale Kriterien. Sie bilden die *Grundlage für überzeugende Argumente*. Wenn es z. B. um die Höhe des Lohnes geht, können der eigene Marktwert der Funktion oder ein Vergleich mit anderen Unternehmen herangezogen werden. Wenn solche neutralen Kriterien zur Beurteilung von Entscheidungen nicht vorliegen, müssen gemeinsam faire Verfahrensweisen gesucht werden (solche sind z. B. Dritte entscheiden zu lassen, Los entscheiden zu lassen, Benchmarking durchzuführen). In Verhandlungen müssen Sie daher jeden Streitfall umfunktionieren zur gemeinsamen Suche nach neutralen Kriterien oder fairen Verfahrensweisen. Solche neutralen Kriterien werden im Harvard-Konzept auch objektive Kriterien genannt.

- **Eine Alternative beim Scheitern haben**
  Wenn Sie gut verhandeln wollen, müssen Sie auch im Voraus wissen, was Sie tun werden, wenn die Verhandlung scheitert. Im Harvard-Konzept wird dies als die *Beste Alternative* bezeichnet, also eine zusätzliche besondere Option. In jeder Verhandlung haben die Parteien nämlich grundsätzlich die Wahl, ein Abkommen zu akzeptieren oder abzulehnen, um einer anderen Lösung nachzugehen. Wenn Sie ohne diese Beste Alternative in eine Verhandlung treten, können Sie unter Druck geraten, weil eine Übereinkunft auf alle Fälle getroffen

werden muss. Für Ihren eigenen Abbruch einer Verhandlung ist entscheidend, ob die vorgeschlagene Vereinbarung besser ist als die zur Verfügung stehende Alternative. Fragen Sie sich also vor der Verhandlung: Was könnte ich alles tun, falls die Verhandlungen scheitert? Was ist davon der sinnvollste nächste Schritt?

- **Verpflichtungen und nächste Schritte klären**
  Gut zu verhandeln verlangt, dass man eine klare Vorstellung davon hat, welche Art Verpflichtung als Endprodukt der Verhandlung oder einer Verhandlungsrunde eingegangen werden soll. Oft bereitet man sich auf eine Verhandlung so vor, dass man über den Anfang, die Zielsetzung und die Verhandlungsstrategie nachdenkt und wenig Zeit dafür verwendet, wo man denn wirklich enden möchte und was dann die nächsten Schritte sind. Vergewissern Sie sich am Schluss, dass allen Beteiligten klar ist, was vereinbart wurde.

Vorbereitung von Verhandlungen 5

5.1 Sach- und Beziehungsaspekte in der Vorbereitung

„Gut begonnen ist halb gewonnen", sagt ein altes Sprichwort. Dies gilt auch für Verhandlungen. Klären Sie die Ausgangslage Ihrer Verhandlung auf zwei Ebenen und versetzen Sie sich dabei auch in die Situation Ihres Verhandlungspartners. Das eigentliche Verhandlungsproblem besteht nämlich darin, dass Ihr Gegenüber anders denkt als Sie! Folgende Fragen helfen Ihnen dabei:

- **Sachebene der Ausgangslage**
  Welche Sachprobleme müssen gelöst werden bzw. worüber kann verhandelt werden? (Verhandlungsgegenstand, Geld, Termine, Bedingungen)
  Bestehen Übereinstimmungen in der Problemsicht?
  Wo denkt die Gegenpartei ganz anders?
  Welche Informationen habe ich und welche muss ich noch beschaffen?
  Welche Themenfelder möchte ich bei Verhandlungsbeginn ansprechen?
  Wie sieht mein Gesprächsplan für den Ablauf der Verhandlung aus?
- **Beziehungsebene der Ausgangslage**
  Gibt es Beziehungsprobleme? (Vertrauen, Zuverlässigkeit, Wertschätzung?)
  Was mache ich bei Verhandlungsbeginn, um Beziehungsprobleme zu entschärfen?
  Wie kann ich in der Verhandlung Wertschätzung zeigen? (vgl. dazu Kap. 8.2)
  Gibt es Missverständnisse oder Schwierigkeiten in der Kommunikation?
  Was kann ich tun für eine gute Kommunikation?

© Springer Fachmedien Wiesbaden 2015
U. Alter, *Verhandeln als Kommunikationskompetenz*, essentials,
DOI 10.1007/978-3-658-08015-0_5

Bin ich überhaupt bereit, der Gegenseite zuzuhören?
Sind die Botschaften eindeutig, die ich übermitteln will?

Überlegen Sie dann aufgrund der Harvard-Leitlinien (vgl. Kap. 4) folgende Aspekte:

* **Position und Interesse**
  Welche Position habe ich in dieser Auseinandersetzung? (mein Standpunkt)
  Was will ich erreichen?
  Warum will ich das erreichen? (Interessen, die berücksichtigt werden müssen)
  Was ist mir von diesen Interessen und Bedürfnissen wichtig? (Prioritäten)
  Welche Position vertritt wohl die Gegenseite?
  Was sind die Interessen der Gegenseite?
  Gibt es gemeinsame Interessen?
* **Optionen (mögliche Verhandlungslösungen)**
  Was ist meine Lieblingslösung?
  Welche anderen Lösungen sind auch noch denkbar?
  Wo liegen meine Unter- und Obergrenzen bei Lösungen?
  Welche Lösungen berücksichtigen gemeinsame Interessen? (Nutzen für beide)
  Welche Lösungen/Angebote habe ich für die Interessen der Gegenseite?
  Wo kann ich Kompromisse eingehen?
* **Entscheidungskriterien (Argumente für eine Lösung)**
  Wie könnte ich hereingelegt werden?
  Mit welchen objektiven Kriterien kann die Güte der Lösung beurteilt werden?
  Wie können wir zusammen Kriterien finden, wenn es keine neutralen gibt?
  Welche meiner eigenen Kriterien bzw. Argumente sind stark? Welche schwächer?
  Welche starken Argumente hat die Gegenseite für ihre Lösung?
* **Alternative beim Scheitern**
  Was mache ich, wenn ich ohne Ergebnis aus der Verhandlung gehe?
  a. Vertagen mit dem Ziel einer Wiederaufnahme? Welcher Außenstehende könnte hier etwas bewegen?
  b. Scheitern als beste Lösung akzeptieren und sich überlegen, wie man die eigenen Interessen anders berücksichtigen kann.
  c. Über die eigenen Bücher gehen, indem man seine Vorbereitungsaspekte nochmals gründlich überlegt.

5.2 Verhandlungsplan erstellen

Wenn die Ausgangslage geklärt ist und die bevorstehende Verhandlung aufgrund der Harvard-Leitlinien reflektiert ist, kann man den Ablauf der Verhandlung konzipieren. Erbacher (2010, S. 40 ff.) nennt dafür die Planung von fünf Komponenten:

- **Maximal- und Minimalziel bestimmen**
  Das Maximalziel ist erreicht, wenn für die Einigung keine Kompromisse nötig sind. Das Minimalziel wird aufgrund der Besten Alternative bestimmt (vgl. dazu Kap. 4).
- **Reihenfolge der Verhandlungsgegenstände strategisch sinnvoll ordnen**
  Wenn über mehrere Aspekte verhandelt werden kann bzw. muss, ist es sinnvoll, deren strategisch vorteilhafte Reihenfolge zu bedenken. Wenn nur über einen einzelnen Aspekt verhandelt wird, muss überlegt werden, in welchen Schritten man zu einer Lösung gelangen will. Dies bestimmt dann den Gesprächsplan, den man versucht, in der ersten Phase der Verhandlung durchzusetzen (vgl. dazu Kap. 7).
- **Teilziele definieren und Zeitplan für Verhandlungspunkte entwerfen**
  Die Planung des Zeitmanagements geschieht im Zusammenhang mit der Definition der inhaltlichen Teilziele. Vorsicht: Häufig ist die Zeitplanung zu knapp. Zeitdruck schwächt die eigene Verhandlungsposition!
- **Strategie wählen und Reaktion abschätzen**
  Das grundlegende Handlungs- bzw. Gesprächsmuster muss klar sein: Will ich in einer konfrontativ-sachlichen oder in einer kooperativ-emotionalen Grundstimmung verhandeln? Dabei muss berücksichtigt werden, wie der Verhandlungspartner auf die gewählte Strategie voraussichtlich reagiert. Man kann davon ausgehen, dass in der Regel Konflikt mit Konflikt und Kooperation mit Kooperation beantwortet wird.
- **Taktiken zur Erreichung der Teilziele festlegen**
  Während die Strategie die allgemeine Richtung festlegt, bestimmt die Taktik einzelne konkrete Maßnahmen im Gespräch. Verhandlungstaktiken sind in Kap. 8 und 9 beschrieben.

Zur Verhandlungsplanung gehören auch Überlegungen zum *Verhandlungsbeginn* (siehe dazu Phase 1 in Kap. 7).

5.3   Praktische Dinge nicht vergessen

Denken Sie in der Vorbereitung auch an folgende Aspekte:

- Wo findet die Verhandlung statt? Wie ist die Sitzordnung?
- Mineralwasser und Gläser?
- Persönliche Notizen der Vorbereitung zur Verhandlung mitbringen?
- Welche Dokumente, Kalkulationen mitbringen? Auf Laptop?
- Sind diese geordnet und übersichtlich bei schnellem Zugriff?
- Welche Kontaktdaten, Nachschlagewerke dabeihaben, falls notwendig?
- Wie viel Zeit steht für die Verhandlung zur Verfügung?

5.4   Vorbereitung während der Verhandlung überprüfen

Es lohnt sich, Ihre Verhandlungsplanung zu überprüfen, nachdem Sie in die Verhandlung eingetreten sind. Manchmal sind Sie sogar dazu gezwungen. Es kann nämlich sein, dass Ihr Gegenüber ganz anders auftritt, als Sie erwarteten (z. B. ist er kooperativer oder aggressiver als erwartet), sodass Ihr geplantes Vorgehen hinfällig wird oder Sie das Gefühl haben, sich falsch vorbereitet zu haben. Eine solche Überprüfung muss dann spätestens nach der 2. Phase der Verhandlung (vgl. dazu Kap. 7) erfolgen. Nutzen Sie eine Pause, um eine kurze Zwischenbilanz zu ziehen: Gehen Sie zur Toilette, holen Sie Kaffee, öffnen Sie das Fenster oder verlangen Sie ganz einfach eine Unterbrechung. Wyss und Pelosi (2013, S. 86) geben folgende Tipps für eine Mini-Standortbestimmung:

- Welche neuen Informationen zur Position der Gegenseite habe ich bekommen?
- Bestätigt diese Information mein bisheriges Bild oder stellt sie es in Frage?
- Welches aktuelle Bild habe ich vom Gegenüber und von der Gesprächsatmosphäre?
- Was von dem, was ich geplant habe, passt? Was überhaupt nicht?
- Wie fange ich also am besten an?

Eine andere Möglichkeit ist auch, das bisher Besprochene zusammenzufassen: sich und Ihrem Gegenüber die aktuelle Situation ,laut' zu vergegenwärtigen und ,leise' für sich die Konsequenzen zu ziehen. Sie müssen sich dann schnell entscheiden, welche Änderungen Sie vornehmen können und wie Sie neu in die Verhandlung hineingehen wollen. Sinnvollerweise haben Sie sich Alternativen bereits in der Vorbereitung überlegt. Wenn Sie feststellen, dass Sie sich in Ihrer Vorbereitung völlig vertan haben, können Sie dies auch offen zugeben und eine Vertagung der Verhandlung vorschlagen.

5.5   Und wenn keine Vorbereitung möglich ist?

Natürlich sollten Sie nie unvorbereitet in eine Verhandlung gehen. Doch dies lässt sich zuweilen nicht vermeiden. In alltäglichen Situationen müssen Sie immer wieder Probleme mit Mitarbeitenden, Nachbarn, Kindern, Verkäufern etc. lösen, aus denen rasch ein verbissener Konflikt entstehen kann oder wo sie über den Tisch gezogen werden. So zielen z. B. bestimmte Geschäftspraktiken darauf ab, dem anderen eine Verhandlungssituation ohne die Möglichkeit einer Vorbereitung aufzuzwingen. Das kann dann mit der Frage beginnen: Haben Sie einen Moment Zeit? Und schon geht es darum, dass man etwas kaufen soll, das man gar nicht braucht. Denken Sie in solchen überraschenden Situationen an folgende drei Schritte (vgl. dazu Wyss und Pelosi 2013, S. 66 ff.):

1. Schritt: Verhandlungssituation erkennen
2. Schritt: Verhandlungssituation offenlegen
3. Schritt: Vorschlag für neues Vorgehen in diese einbringen, abbrechen, vertagen.

Wenn Ihnen nur eine kurze Vorbereitungszeit zur Verfügung steht, sollten Sie sich mindestens über folgende Aspekte im Klaren sein:

- Welche Interessen habe ich in dieser Verhandlung?
- Welche Interessen hat die Gegenseite?
- Welches sind meine wichtigsten Kriterien bzw. Argumente für eine Lösung?
- Was mache ich, wenn keine Einigung zustande kommt?

Rollen in Verhandlungen

6.1 Klarheit über eigene Rolle schaffen

Wer verhandelt eigentlich mit wem? Diese Frage müssen Sie sich vor jeder Verhandlung mehr oder weniger stellen. Auf jeden Fall muss in geschäftlichen Verhandlungssituationen klar sein:

- Bin ich die richtige Person für diese Verhandlung?
- Habe ich überhaupt die fachliche Kompetenz für diese Verhandlung?
- Welche Entscheidungskompetenz habe ich?
- Wer sitzt mir gegenüber?
- Haben wir die gleiche soziale Stellung?
- Kann ich die Verhandlung alleine führen?

Wenn Sie eine Verhandlung (z. B. aus Gründen der fachlichen Kompetenz) nicht alleine führen können, müssen die Rollen der Teilnehmenden vorher eindeutig abgesprochen sein, dies beinhaltet:

- Klarheit darüber, wer die Verhandlung tatsächlich führt
- Klarheit darüber, dass der Verhandlungsführer grünes Licht zum Sprechen der anderen Teilnehmenden gibt (einer hat den Lead!)
- Klarheit darüber, wer zu welchen Teil-Themen des Verhandlungsgegenstands Aussagen macht

© Springer Fachmedien Wiesbaden 2015
U. Alter, *Verhandeln als Kommunikationskompetenz*, essentials,
DOI 10.1007/978-3-658-08015-0_6

Im Alltag spielen diese Fragen gewöhnlich nicht die entscheidende Rolle. Gleich-
wohl müssen Sie sich mit Ihrer Rolle auseinandersetzen. So gilt es z. B.
zu hinter-
fragen, ob Sie eigentlich die geeignete Person sind, um den vorhandenen Konflikt
durch Verhandeln zu lösen. Denn es könnte ja sein, dass es für Sie emotional besonders schwierig ist, mit dem Gegenüber zu verhandeln. Dann sollten Sie überlegen, ob Sie jemanden hinzuziehen wollen oder eine andere Person für Sie verhandeln soll.

6.2 Verhandeln in der Rolle des Unterhändlers

Aus verhandlungstaktischen Gründen kommt es oft vor, dass in schwierigen,
komplexen Verhandlungen (z. B. bei Firmenübernahmen, zwischen Staaten, bei
Großaufträgen etc.) ein Unterhändler die Verhandlungen bis zu einem bestimmten
Punkt führt. Dann sind folgende Aspekte in der Rolle des Unterhändlers wichtig
(siehe dazu auch Erbacher 2010, S. 119 ff.)

- **Das Management der eigenen Firma**
  Lassen Sie sich klare Anweisungen geben.
  Stellen Sie am Anfang die Verhandlungsinteressen (und nicht nur die Position)
  klar.
  Halten Sie Ihre Vorgesetzten auf dem Laufenden (Ihre wichtigen Bezugsperso-
  nen!).
  Vertreten Sie in Ihrer Firma die Meinung der anderen Seite.
  Halten Sie die Vorgesetzten vom Verhandlungstisch fern.
- **Das Management des eigenen Verhandlungsteams**
  Achten Sie auf die Auswahl Ihres Teams: Kenntnisse und Fähigkeiten müssen.
  ausgeglichen verteilt sein und dem Verhandlungskontext entsprechen.
  Berücksichtigen Sie bei der Team-Zusammensetzung vor allem soziale Kompe-
  tenz
  Sorgen Sie für häufige Team-Besprechungen.
  Sorgen Sie für Disziplin und halten Sie Schattenverhandlungen unter Kontrolle.
  Bereiten Sie sich auf Frustrationen vor: Verhandlungsergebnisse werden von
  einem Teil als Niederlagen erlebt.
- **Das Management der Gegenseite**
  Achten Sie auf einen guten ersten Eindruck.
  Machen Sie sich bewusst, dass Sie die Verhandlung führen.
  Verhandeln Sie konsequent nach den Prinzipien des sachbezogenen Verhan-
  delns.

Vertreten Sie Ihre wirklichen Interessen und rücken Sie nicht davon ab.
Halten Sie Alternativen in Reserve.
Lassen Sie sich genügend Zeit.
Vermeiden Sie die Destabilisierung der Gegenseite.
Stellen Sie immer wieder Fragen.
Protokollieren Sie sorgfältig und vergleichen Sie dies mit der Gegenseite.

- **Das Management der externen Kommunikation**
Legen Sie sich nicht vorzeitig öffentlich zu einer Position fest.
Respektieren Sie Vertraulichkeit zwischen den Verhandlungsparteien.
Betrachten Sie Medien nicht als feindliche Elemente und Störenfriede.
Pflegen Sie aktiv Kontakt zu Medien.
Informieren Sie offen und begründen Sie auch ‚no comment'.

Kommunikationsstrategien in verschiedenen Verhandlungsphasen

Verhandlungen verlaufen in Phasen. Solange Ihnen klar ist, in welcher Phase der Verhandlung Sie sich befinden, laufen Sie keine Gefahr, zu voreilig zu einem Abschluss zu kommen oder über den Tisch gezogen zu werden. Die Kommunikationsstrategien müssen diesen verschiedenen Phasen angepasst werden. Die Vorbereitung der Verhandlung wird hier nicht wie in anderen Veröffentlichungen als Phase bezeichnet (vgl. dazu Kap. 5).[1]

Phase 1: Verhandlungsbeginn Fallen Sie nicht mit der Tür ins Haus! Es geht am Anfang nicht um die Sache, sondern um eine gute Atmosphäre, um den Aufbau einer guten Beziehung und um Einigkeit zum Inhalt und Ablauf der Verhandlung.

- Kontakt schaffen durch Small Talk und einander kennenlernen
- Verhandlung formal eingrenzen durch Vorschlag eines Gesprächsplans (Thema, Zielsetzung, Vorgehen, Gesprächsregeln, Zeitrahmen)
- Einverständnis für den vorgeschlagenen Gesprächsplan einholen, ihn akzeptieren oder Änderungen verlangen

Phase 2: Ausgangssituation erklären Schaffen Sie zuerst ein gemeinsames Verständnis von dem, was eigentlich gelöst werden muss:

- Problemsituation darstellen und eigene Position klarstellen
- Interessen benennen, die mit Ihrer Position verbunden sind

---

[1] Vgl. zu den Phasen in Verhandlungen auch Erbacher (2010, S. 31–56).

25

- Situation aus Sicht der Gegenseite darstellen lassen
- Mit offenen Fragen Einblick in die Vorstellungen des Gegenübers erhalten

Phase 3: Vorschläge machen und diskutieren Erst jetzt unterbreiten Sie Angebote für eine Lösung:

- Realistische Angebote machen und keine übertriebenen Forderungen stellen
- Gegenvorschläge einfordern und Einwände berücksichtigen
- Offene Fragen stellen, gut zuhören und begründen lassen (Warum? Warum nicht?)
- Nichts entscheiden – Vorschläge diskutieren und an Kriterien und eigenen Interessen messen
- Gemeinsamkeiten hervorheben und Unterschiede klarstellen

Phase 4: Lösung aushandeln und Abschluss Sie verfügen nun über genügend Informationen, um ein konkretes Angebot zu machen, das den Interessen beider Seiten entspricht oder einen Interessenausgleich ermöglicht:

- Festes Angebot machen – aber unter Bedingungen
- ‚Wenn… dann‘ als Gesprächsstrategie verwenden
- Nutzen für die Gegenseite herausarbeiten und betonen
- Verhandlungsergebnis zusammenfassen, bestätigen lassen und nächste Schritte festlegen

Gesprächslenkungstechniken in Verhandlungen

8

8.1 Grundlegende Gesprächsfähigkeiten in der Verhandlungsführung

Verhandlungen sind kommunikative Prozesse, in denen Sie das gesamte Repertoire der Kommunikation anwenden müssen.[1] Sechs Kompetenzen sind dabei zentral: Sie müssen Fragetechniken beherrschen, aktives Zuhören einsetzen, verständlich formulieren, neugierig sein bei Schwierigkeiten, Emotionen akzeptieren und wertschätzend mit dem Verhandlungspartner umgehen können.

- **Wertschätzung zeigen**
  Geben Sie diesem menschlichen Grundprinzip besondere Beachtung in Verhandlungen. Dies beginnt damit, dass Sie Sachprobleme und Menschen voneinander trennen. Verhandlungsgegenstand ist ein Sachproblem, um dessen Lösung gestritten werden kann. Ihr Gegenpart ist immer ein Mensch, der ebenso viel wert ist wie Sie und der ernstgenommen werden will (siehe Kap. 8.2).
- **Fragen können**
  Sie können nur erfolgreich verhandeln, wenn Sie den Standpunkt der Gegenseite verstehen. Verstehen heißt nicht einverstanden sein, sondern Möglichkeiten erkennen für Lösungen, Schwächen und Ausgleich von Interessen. Dazu müs-

---

[1] Dieses Repertoire findet sich in einer riesigen Auswahl von Publikationen unter Stichworten wie Kommunikation, Fragetechniken, Zuhören, Gefühle, Körpersprache etc. Ein Essential zu den wesentlichen Grundlagen erfolgreicher Kommunikation ist in Vorbereitung (Alter 2015).

© Springer Fachmedien Wiesbaden 2015
U. Alter, *Verhandeln als Kommunikationskompetenz*, essentials,
DOI 10.1007/978-3-658-08015-0_8

sen Sie immer wieder Fragen stellen, v. a. offene Fragen, weil diese mehr Informationen liefern, die Sie nicht kennen und gleichzeitig den Gesprächsprozess offenhalten (siehe Kap. 8.5).

• **Zuhören können**
  Wenn Sie verstehen wollen, müssen Sie gut zuhören. Unterbrechen Sie nicht, konzentrieren Sie sich auf das, was Sie hören, und denken Sie nicht schon an Ihre Antwort. Hören Sie aufmerksam zu und gewöhnen Sie sich an, Rückmeldungen über das zu geben, was gesagt wurde. Sie vermeiden dadurch Missverständnisse und lenken gleichzeitig das Gespräch durch solch aktives Zuhören (siehe Kap. 8.6).

• **Verständlich formulieren**
  Sprechen Sie so, dass man Sie auch versteht! Es passiert einem gerne in einer Situation des Überzeugens, dass man zu viele Informationen und Argumente auf einmal bringt. Vergewissern Sie sich, dass Sie auch verstanden werden.

• **Neugierig bleiben**
  In Phasen der Auseinandersetzung über die richtige Lösung, in Phasen des Angegriffenwerdens lässt man sich gerne zu Rechtfertigungen und Gegenargumentationen verleiten. Sie verhandeln besser, wenn Sie in solchen Situationen neugierig bleiben und damit Ihr Gegenüber zu klareren Aussagen zwingen.

• **Emotionen zulassen**
  Versuchen Sie, Emotionen zu verstehen, und nutzen Sie diese (siehe dazu Fisher und Shapiro 2008). Gehen Sie davon aus, dass dann Grundbedürfnisse wie Wertschätzung und Ernstgenommenwerden verletzt sind. Lassen Sie emotionale Ausbrüche auch zu. Achten Sie auf die Körpersprache, um Emotionen einordnen zu können (Kap. 8.3).

8.2 Wertschätzung als zentrale Verhandlungsstrategie[2]

Wertschätzung ist ein wichtiges Grundbedürfnis, das in Verhandlungen gern vergessen wird, weil man in Kategorien von Gewinnern und Verlierern und von Überzeugenmüssen denkt. Die Bedeutung der Wertschätzung liegt in der Wirkung auf die Person, mit der man verhandelt: Sie fühlt sich dann anerkannt. Jeder Mensch hat das Bedürfnis, gehört, verstanden und geschätzt zu werden. Wenn sich eine Person in diesem Sinn ausreichend anerkannt fühlt, steigt das Selbstwertgefühl, sie öffnet sich, hört besser zu und ist eher bereit zu kooperieren. Wertschätzung

---

[2] Dieses Kapitel geht aus von den Überlegungen von Fisher und Shapiro (2007, S. 39–73), die sich intensiv mit dem Aspekt der Wertschätzung beschäftigen.

beschreibt jedoch nicht nur ein Grundbedürfnis und eine Haltung, sondern auch Handlungen, die sich in der Kommunikation zeigen. Wertschätzung zeigen wir durch:

- **Standpunkt des Gegenübers verstehen**
  Wertschätzung beginnt damit, dass Sie sich bemühen zu verstehen, wie und warum das Gegenüber die Sache so sieht. Während der Andere spricht, denkt man nur an das, was man selber kommunizieren will. Sie müssen in Verhandlungen bewusst richtige Fragen stellen und gut zuhören. Besonders die Techniken des aktiven Zuhörens helfen Ihnen, Wertschätzung in der Verhandlungsführung auszudrücken (siehe dazu Kap. 8.9).
- **Wert der Gedanken, Gefühle und Handlungen des Gegenübers anerkennen**
  Was Ihr Gegenüber denkt, fühlt und tut, ist ebenso wertvoll wie Ihre eigenen Gedanken, Gefühle und Handlungen. Selbst wenn man mit einem Standpunkt nicht einverstanden ist, kann man die Gründe für diese Sichtweise anerkennen. Dahinter kann ebenso wie bei Ihnen eine tiefe Überzeugung und eine durchdachte Argumentation stecken.
- **Mit Worten und Taten die Anerkennung kommunizieren**
  Kommunizieren Sie diese Art der Wertschätzung ganz bewusst (z. B. *„Ich verstehe Ihren Standpunkt, auch wenn ich ihn nicht teile ... Ich verstehe Ihre Sorge ..."*). Auch hier helfen Ihnen die Techniken des aktiven Zuhörens, indem Sie Gesagtes zurückspiegeln, Verstandenes überprüfen und damit zeigen, wie ernst Sie Ihr Gegenüber nehmen. Doch denken Sie daran: Sie können z. B. die Wertschätzung für eine Argumentation oder ein Gefühl nur zum Ausdruck bringen, wenn Sie darin auch tatsächlich einen Wert erkennen. Wertschätzung ohne Aufrichtigkeit ist manipulativ und wird über kurz oder lang durchschaut und zerstört damit eine gute Verhandlungsbasis.
- **Im Voraus überlegen, wie Wertschätzung gezeigt wird**
  Versetzen Sie sich im Vorfeld von Verhandlungen bewusst in die Rolle des Gegenübers, um dessen Sichtweise zu verstehen. Dies kann z. B. auch in einem Rollenspiel mit Kollegen geschehen. Sie werden so die besonders sensiblen Punkte besser aufspüren, die es zu beachten und wertzuschätzen gilt. Erstellen Sie dann eine Liste von Fragen, die Sie als Zeichen der Wertschätzung in die Verhandlung einbringen wollen (z. B. *„Helfen Sie mir verstehen, wie Sie die Sache sehen... Welche Punkte sind Ihnen in unserer Verhandlung besonders wichtig..."*).
  Denken Sie auch daran, dass Wertschätzung auch *mit einfachsten Mitteln im Verhandlungssetting* gezeigt werden kann: nicht warten lassen, Zeit haben, Störungen vermeiden, Mineralwasser anbieten etc.

8.3　Auf die nonverbale Kommunikation achten

Nonverbale Kommunikation (Körpersprache) sagt immer etwas aus über den emotionalen Aspekt in der Kommunikation. Wenn Sie gut verhandeln wollen, müssen Sie darauf achten und zum Teil die eigene nonverbale Kommunikation bewusst einsetzen. Insbesondere geht es dabei um

- Sitzhaltung
- Mimik
- Gesten
- Blickkontakt
- Paraverbale Signale (Stimme, Klang, Atem)

- **Auf Sitzhaltung achten**
  Beginnen Sie ein Gespräch in einer ähnlichen Sitzhaltung wie Ihr Gegenüber. Sie holen ihn/sie damit nonverbal dort ab, wo er/sie gegenwärtig ist, und schaffen Vertrauen. Nähe und Distanz müssen der Situation angepasst sein.
- **Funktion von Blick und Blickkontakt**
  - Signalisieren der Gesprächsbereitschaft
  - Bindende Funktion
  - Kontrollierende Funktion
  - Drohfunktion
  - Augenbewegungen zeigen Denkvorgänge an
  Der Blickkontakt wird reduziert oder gemieden:
  - bei geringer Distanz zwischen den Sprechenden
  - in Angst- und Stresssituationen
  - bei Schuldgefühlen
  - im Falle einer Täuschung oder Lüge
  - bei Desinteresse
  - bei starker innerer Beschäftigung
- **Die Körpersprache lügt nicht!**
  Körpersprache kann eine verbale Aussage ersetzen:
  - Kopfschütteln, Hand erheben
  Körpersprache kann eine verbale Aussage unterstreichen/verdeutlichen:
  - Mit der rechten Hand nach rechts zeigen und das Wort einem Diskussionsteilnehmer zur Rechten erteilen
  Körpersprache kann in keinem Zusammenhang zur verbalen Aussage stehen:
  - Mit dem Fuß auf- und abwippen als stereotype Bewegung
  Körpersprache kann im Widerspruch zur verbalen Aussage stehen:
  - Lachend über ein gravierendes Problem sprechen

Hüten Sie sich davor, Wahrnehmungen nur aufgrund körpersprachlicher Signale einzuordnen! Nonverbale Kommunikation kann immer nur im Kontext des Ganzen, insbesondere im Zusammenhang mit den verbalen Äußerungen interpretiert werden. Dabei ist eine Frage zentral: *Ist das, was gesagt wird, kongruent mit der Körpersprache?* Auf solche Hinweise der Stimmigkeit müssen Sie in Verhandlungen achten. Auch Ihre eigene Körpersprache muss natürlich stimmig sein. Nur so strahlen Sie in einer Verhandlung Sicherheit aus.

8.4 Führungsrolle im Gespräch übernehmen

Die Führungsrolle in Verhandlungen ist zwar bei Einladungen und der Eröffnung von Verhandlungen formal festgelegt, doch faktisch kann sie jederzeit übernommen werden. Versuchen Sie in Verhandlungen immer wieder, diese Führungsrolle im Gespräch zu übernehmen. Dies geschieht durch

- **Gesprächsplan vorbereiten und durchsetzen** (vgl. dazu Kap. 5.2 und 7)
- **Das Gespräch durch Fragen steuern: Wer fragt, der führt!**
  Offene statt geschlossene Fragen formulieren
  Problemlösende, hypothetische und wertanalytische Fragen einsetzen
  Mit Fragen konkrete Antworten provozieren
  Mit aktivem Zuhören das Gespräch steuern und daraus Fragen entwickeln
  Auf Fragen antworten und gleich die nächste Frage stellen
- **Zum Erzählen und Erläutern auffordern**
  „Erklären Sie... Führen Sie dies einmal aus..."
  „Erzählen Sie...."
- **Anweisungen geben**
  „Dann stellen Sie mir das doch zusammen..."
  „Lassen Sie mich einmal einen Blick in Ihre Unterlagen werfen"
- **Gespräch durch Bemerkungen und Unterbrechungen steuern**
  „Darf ich mal kurz unterbrechen... Dazu noch eine Frage..."
  „Könnten Sie mir bitte mal erklären..."
  Wort aufnehmen und dazu Ausführungen machen
  Namen nennen und Frage vorbringen
  Körperlich berühren und dann etwas sagen oder fragen
- **Mit positiven Bewertungen Thema wechseln**
  „Diese Idee gefällt mir. Können wir jetzt noch..."
  „Das ist ein interessanter Vorschlag, auf den wir zurückkommen müssen. Betrachten wir jetzt erst einmal..."

8.5   Fragetechniken gezielt einsetzen

* **Offene Fragen** (W-Fragen: Wie, wann, warum, was, wo, wie lange, wie viel etc.)
  Um Partner/in zu öffnen
  Um eine Diskussion über einen breiten Themenbereich einzuleiten
  Um Beschreibungen, Ausführungen und Konkretisierungen zu erhalten
  Um Schweiger zum Reden zu bringen
* **Geschlossene Fragen** (Wenn darauf Ja/Nein-Antworten möglich sind)
  Um genaue Antworten zu provozieren
  Um spezifische Informationen zu erhalten
  Um Spielraum des Gegenübers einzugrenzen
  Um Vielredner zu bremsen
* **Hypothetische Fragen und Zukunftsfragen** (Was wäre, wenn ... Was würde passieren, wenn ... Wie sieht Ihrer Meinung nach ... in einem halben Jahr aus...)
  Um Blockaden zu lösen und andere Lösungsfindung zu ermöglichen
  Um neue Perspektiven/Sichtweisen einzuführen
* **Konkretisierende Fragen**
  Um den entscheidenden Punkt zu finden:
  - *Woran merken Sie das?*
  - *Wie zeigt sich das?*
  - *Was tun Sie, wenn ...?*
  - *Können Sie ein Beispiel geben? etc.*
* **Klärende Fragen**
  Um Ziele, Sichtweisen zu verstehen und Zusammenhänge sichtbar zu machen:
  - *Wie erklären Sie sich das?*
  - *Wie stehen Sie zu dem?*
  - *Wann trifft das nicht ein?*
  - *Welche Wirkungen haben Sie beobachtet?*
  - *Aufgrund welcher Erfahrungen kommen Sie darauf? etc.*

8.6   Wertanalytische Fragen in der Verhandlungsführung

Die Grundfragen der Wertanalyse sind geeignet, Klarheit in Bezug auf Stärken und Schwächen in der Argumentation der Gegenseite zu schaffen. Sie sind herausfordernd und schwierig zu beantworten, weil die befragte Partei etwas beweisen muss, das noch gar nicht eingetroffen ist:

- Was geschieht, wenn die vorgesehene Lösung
  - entfällt?
  - in reduzierter Qualität angewandt wird?
  - aufgeschoben wird?
  - mit anderen Methoden durchgeführt wird?
  - von anderen Akteuren (intern/extern) erbracht wird?

8.7 Fragetechniken in der Konfrontation

In Phasen der Konfrontation ist man versucht, mit einer prägnanten Antwort oder Formulierung absichtlich oder unabsichtlich einen Konflikt aufzubauen. Vermeiden Sie rechtfertigende Antworten und gewinnen Sie mit präzisierenden Gegenfragen oder allgemeinen Gegenfragen Zeit. Sie können dabei außerdem wichtige Informationen erhalten.[3]

- **Klärungsfragen**

Woher stammen diese Informationen?	*Meinen Sie die Person oder die Quelle?*
Ist dieser Wert wirklich so hoch?	*Welchen Wert meinen Sie?*
Da wollen Sie mir aber eine gefährliche Lösung andrehen!	*Was verstehen Sie denn unter gefährlich?*
Da raten Sie mir zu einer riskanten Aktion!	*Was genau meinen Sie mit riskant?*

Vorsicht Klärungsfragen können als Verzögerungstaktik wahrgenommen werden!

- **Allgemeine Gegenfragen**
Wie soll ich das verstehen?
Wie meinen Sie das?
Wie denken Sie denn selber darüber?
Welche Antwort erwarten Sie von mir?
Weshalb fragen Sie mich das?

---

[3] Die Beispiele in Kap. 8.7 und 8.8 sind z. T. Hierhold und Laminger (1995, S. 67–71) entnommen.

Vorsicht Mit Gegenfragen können Sie Aggressionen wecken, denn damit signalisieren Sie Zweifel an der Ehrlichkeit des Fragestellers. Es hilft, wenn Sie manchmal eine Gegenfrage erläutern:

| *Statt: Woher haben Sie diese Zahl?* | *Besser: Das weicht von unseren Schätzungen erheblich ab. Woher haben Sie diese Zahl?* |

8.8 Fragen umformulieren bei Angriffen

Wenn Fragen an Sie gestellt werden, achten Sie darauf, ob Sie geschlossen sind
und was die Absicht dabei ist. Häufig will man Sie mit geschlossenen Fragen und
provozierenden offenen Fragen und prägnanten Aussagen in die Enge treiben und
verunsichern. Gehen Sie nicht direkt auf solche Fragen und Aussagen ein, sondern
gewinnen Sie mit Umformulierungen Zeit, um überlegt darauf zu antworten:

• **In offene Fragen umformulieren**

Bringt das etwas?	*Was bringt das? Nun, ich erwarte konkret ...*
Können wir das nicht abkürzen?	*Wie können wir das abkürzen? Eine Möglichkeit wäre ...*
Haben Sie das durchgerechnet?	*Wie schaut die Rechnung aus? Ich bin von ... ausgegangen und nehme an ...*

• **Positiv formulieren**

| *Wie soll denn diese teure Lösung finanziert werden?* | *Wie werden wir diese Lösung finanzieren? Ich denke, dass wir im Budget dafür 40% haben. Der Rest...* |
| *Sie sehen die Sache aber einseitig!* | *Wie können wir die Sache von allen Seiten betrachten? Wenn wir es von ...* |

• **Reizwörter entfernen**

Typische Reizwörter sind *eigentlich, überhaupt, doch, im Ernst, wirklich, etwa* etc.
mit dem Ziel, Sie zu provozieren. Antworten Sie mit einer offenen Frage und entfernen Sie daraus das Reizwort:

| *Sind Sie überhaupt genügend qualifiziert, diese Sache zu beurteilen?* | *Was mich dazu qualifiziert? Nun, vor allem ...* |
| *Denken Sie eigentlich auch an die Konsequenzen?* | *Welche Konsequenzen ich dabei bedacht habe? Vor allem habe ich ...* |

8.9   Techniken des aktiven Zuhörens gezielt einsetzen

Sie steuern eine Verhandlung nicht nur durch Fragen, sondern ebensosehr durch gutes Zuhören. Sie können dabei folgende Techniken des aktiven Zuhörens einsetzen:

- Ich *begleite* durchs Gespräch
  - verbal: mhm, ja, aha, verstehe ...
  - nonverbal: Kopfnicken, zuneigen, zustimmende Mimik etc.
- Ich *paraphrasiere* durch
  - Wiederholen, Zusammenfassen mit anschließender Frage
  - Umschreiben mit eigenen Worten
  - Klären mit Kurzzusammenfassung: „Wenn ich Sie richtig verstehe…‟
  - Verdeutlichen durch Zuspitzungen oder Übertreibungen
  - interpretierende Nachfragen
- Ich *verbalisiere* durch
  - Benennen der wahrgenommenen Gefühle: „Sind Sie jetzt ...?‟ „Ich verstehe, dass Sie enttäuscht sind ...‟
  - Ausdrücken der eigenen Gefühle: „Wenn Sie das so sagen, löst das bei mir ... aus.‟
- Ich *ergänze* mit eigenen Worten unvollständige Aussagen.
- Ich *frage nach*, um richtig zu verstehen.
- Ich *führe einen Gedanken weiter* und gebe *Denkanstöße*: „Sehen Sie noch andere Möglichkeiten?‟ „Wieso eigentlich nicht?‟
- Ich *frage nach der Bedeutung.*
- Ich *setze zu früher Gesagtem in Beziehung.*
- Ich nehme *Schlüsselworte* auf.

➤ Aktives Zuhören muss übereinstimmen mit der Grundhaltung: Ich nehme den Gesprächspartner ernst und versuche ihn wirklich zu verstehen. Sonst wird aktives Zuhören als Manipulation erlebt, die verstimmt!

8.10   Mit Zugeständnissen Gespräche steuern: Wenn ... dann ...

Ohne Zugeständnisse scheitern Verhandlungen. Mit Zugeständnissen bewegt man sich aufeinander zu und berücksichtigt die gegenseitigen Interessen. Grundsätzlich gilt für Zugeständnisse in Verhandlungen:

- Stellen Sie hohe, aber realistische Anfangsforderungen
- Machen Sie Zugeständnisse erst nach einer Phase zähen Ringens
- Machen Sie Zugeständnisse dann, wenn die Gegenpartei nicht damit rechnet
- Machen Sie wenn möglich nicht als erster Zugeständnisse
- Gestehen Sie nie etwas zu ohne Gegenleistung
- Honorieren Sie Zugeständnisse der Gegenseite mit eigenen Zugeständnissen

Hinter den Zugeständnissen steht eigentlich das Grundprinzip des Win-Win-Verhandelns: Wenn Du meine Interessen berücksichtigst, dann berücksichtige ich auch Deine Interessen. Deshalb lohnt es sich in der Gesprächsführung, die Vorschläge auch in *Wenn-dann-Formulierungen* zu verpacken

8.11 Man sitzt mehreren Verhandlungspartnern gegenüber[4]

- Wenn dies für Sie *unverhofft* kommt:
  - Sagen Sie sich innerlich: *Das kommt mir gerade recht, die Verhandlung wird dadurch erleichtert.*
  - Zeigen Sie sich nach außen befremdet: *Ich finde es sinnvoller, wenn auf beiden Seiten in gleicher Art verhandelt wird.*
- Wenn Sie einen zusätzlichen Verhandlungspartner *nicht kennen*:
  - Lassen Sie diesen von Ihrem eigentlichen Partner, mit dem Sie verabredet waren, genau vorstellen: Name Tätigkeit, Verhandlungskompetenz
  - Stellen Sie auf jeden Fall durch entsprechende Fragen bei Verhandlungsbeginn fest:
    Wer ist der offizielle Verhandlungsführer? Wer kann verbindliche Aussagen für beide machen? Mit wem kann ich zu einer verbindlichen Übereinkunft kommen?
- In der Verhandlung selber versuchen Sie:
  - Zwischen den Partnern der Gegenseite Widersprüche und Gegensätze festzustellen.
  - Das Gespräch so zu führen, dass Sie die Verhandlungspartner gegeneinander ausspielen. Dies geschieht z. B. dadurch, dass Sie alle Angriffe und für Sie unangenehmen Vorschläge und Forderungen ausdrücklich vom zweiten Partner bestätigen lassen oder diesen darauf ansprechen.

---

[4] Kap. 8.11 und 8.12 sind eine Zusammenfassung aus Goossens (1986, S. 216–222).

8.12 Gegenüber hat nicht die gleiche Entscheidungskompetenz

- Schaffen Sie Klarheit über die Entscheidungskompetenz bei Beginn der Verhandlung.
- Lehnen Sie eine jetzige Verhandlung ab und bitten Sie um einen Partner, der ebenso verbindlich verhandeln kann.
- Verhandeln Sie unter dem Vorbehalt, dass das Verhandlungsergebnis von Ihrer Seite ebenso als vorläufig angesehen wird wie von der Gegenseite.

Überzeugen und Argumentieren 9

9.1 Der Irrglaube vom Überzeugen durch Argumentieren

In Verhandlungssituationen geht es immer wieder um Überzeugen im Gespräch. Man bereitet seine Argumente für die eigene Position bzw. Lösung vor und überlegt sich die Argumente der Gegenseite und wie man diese kontern möchte. Dabei ist man herausgefordert, die Behauptungen mit Begründungen bzw. mit Beweisen zu untermauern, denn jedes gute Argument besteht aus einer Behauptung, die nachvollziehbar begründet ist. Man überlegt sich dabei auch, welche der Argumente stärker und welche schwächer sind, und legt sich einen Gesprächsplan zurecht, bei dem man die besten Argumente nicht bereits zu Beginn vorbringt. Dies führt zu einem Überzeugungsablauf, der in einen *argumentativen Schlagabtausch* mündet:

© Springer Fachmedien Wiesbaden 2015   39
U. Alter, *Verhandeln als Kommunikationskompetenz*, essentials,
DOI 10.1007/978-3-658-08015-0_9

Standpunkt/Forderung/Lösung

Argument dafür

Gegenargument

Entkräftung durch besseres Argument

Entkräftung durch besseres Gegenargument

usw. bis das bessere Argument überzeugt oder ein Kompromiss gefunden wird

Dieses Vorgehen beim Überzeugen ist weit verbreitet, wir wenden es im Alltag an und wenn wir auf halbwegs faire Weise unsere eigenen Lösungen und Interessen durchsetzen möchten; es ist der Verhandlungsmodus in der politischen Debatte. In Verhandlungen ist dieser Modus häufig gekoppelt mit Feilschen. Doch es ist ein Irrglaube zu meinen, dass dabei die besseren Argumente gewinnen. Es könnte ja auch sein, dass das Gegenüber zu wenig gut vorbereitet war, dass einem die Argumente ausgingen und dass der Zeitdruck zu einer Lösung zwang. Diese Art des Überzeugens ist ineffizient und ineffektiv (d. h. nicht die bestmögliche Lösung wird gefunden). Sie schafft Gewinner und Verlierer mit dem schalen Nachgeschmack, dass man unter den Tisch geredet wurde.

Ohne Zweifel sind Argumente wichtig, wenn es darum geht, Leute zu einer Meinungsänderung zu bewegen. Gute Argumente schaffen Klarheit über unverhandelbare Prinzipien und Interessen eines Verhandlungspartners und über die Kriterien, die man an eine Verhandlungslösung legt. Die stärksten Argumente haben dabei mit Gemeinsamkeiten, z. B. mit gemeinsam akzeptierten Kriterien für die Verhandlungslösung und mit dem Aufzeigen des Nutzens für die Gegenseite zu tun.

Argumentieren ist nur ein Teil der Überzeugungsaufgabe. Andere Faktoren haben in Verhandlungen mehr Einfluss auf die Überzeugungskraft. Überzeugen muss als ein Prozess verstanden werden, der mit dem Verhandlungsverlauf und der damit verbundenen Gesprächskultur zu tun hat.[1] Wirkungsvolles Überzeugen in Verhandlungen beginnt deshalb nicht mit der Darstellung einer Position (Forderung, Lösung, Standpunkt) und der argumentativen Begründung. Es beginnt mit der Klärung der Problemsituation und der damit verbundenen Interessen und Bedürfnisse. Überzeugen beginnt also mit Informieren und Fragen und nicht mit Argumentieren! Wenn es in der Verhandlung gelingt, das Gegenüber als gleichberechtigten Partner zu akzeptieren, seine Ideen zu prüfen, miteinander Lösungen zu entwickeln, Einwände zu akzeptieren und zu integrieren – dann erst kann man mit guten Argumenten auch überzeugen. Ein Überzeugungsgespräch hat also mit dem Aufbau einer vertrauensvollen Beziehung zu tun und beginnt mit dem Ernstnehmen des Gegenübers und mit Fragen, auf die man noch keine Antworten hat.

9.2 Das Überzeugungsgespräch

● **Problemsicht ermitteln**   Zuwendung/Interesse zeigen
↓   Bedürfnisse ermitteln
                                      Eigene Bedürfnisse einbringen
                                      Viele offene Fragen stellen

● **Problem fixieren**   Worum geht es also?
↓   Fakten und Tatsachen benennen
                                      Problem klar benennen

● **Zielrichtung vorgeben**   Das Wichtigste ist also ...
↓   Was wäre, wenn ...
                                      Lösungsrichtungen andeuten
                                      Einwände integrieren
                                      Vorschlag anpassen

● **Vorschlag bringen**   Mit dem Nutzen argumentieren
↓   Relevanz und Realisierbarkeit zeigen

● **Ergebnis sichern**   Handlungshinweise geben
                                      Abmachungen festhalten

---

[1] Conger (1999) und Thiele (2006) gehen auf die umfassenden Aspekte beim Überzeugen ein, die vor allem mit dem Aufbau einer guten Beziehung zu tun haben.

9.3 Grundtendenzen im Argumentieren

Wenn man sich auf einen argumentativen Schlagabtausch vorbereiten will, der zudem noch öffentlich stattfindet, lohnt es sich, die Grundtendenzen im Argumentieren zu berücksichtigen, so dass man auf verschiedenen Ebenen des Verstehens Argumente zur Verfügung hat.[2] Damit hat man die Chance, die verschiedenen Anwesenden auch bei ihren eigenen Argumentationspräferenzen abzuholen und so überzeugender zu sein. Behauptungen werden durch drei Tendenzen argumentativ untermauert:

- **Plausible Argumentation**
  - Beruft sich auf allgemeine Erfahrungen, Traditionen, Konventionen
    Teamarbeit ist notwendig, denn vier Augen sehen mehr – Wir sind eine alteingesessene Firma, das geht hier nicht.
  - Arbeitet mit Pauschalisierungen, Verallgemeinerungen, Übertreibungen
    Wir werden es schaffen, denn die Deutschen sind ein tüchtiges Volk – Die Lösung liegt auf der Hand: No drugs, no problems.
  Die plausible Argumentation schafft raschen Kontakt mit sehr unterschiedlichen Adressaten, da sofort Einvernehmen hergestellt werden kann. Jedermann versteht sogleich. Sie hat die stärkste Wirkkraft der drei Argumentationstendenzen.
- **Rationale Argumentation**
  - Beruft sich auf Zahlen, Daten, Fakten
  - Arbeitet mit logischen Verknüpfungen
    Ich bin 100 € die Stunde wert, weil ... – Wenn ... dann... – Wer... der ...
  Die rationale Argumentation überzeugt, da damit fachliche Kompetenz nachgewiesen wird. Sie setzt jedoch bewusstes Nachdenken voraus. Nur Aufzählung von Fakten klingt nach Rechtfertigung. Zahlen, Fakten etc. sollten rhetorisch eingebunden werden in logische Verknüpfungen.
- **Ethische Argumentation**
  - Beruft sich auf Wertvorstellungen und Normen der Gemeinschaft
    Hochwertwörter wie *Freiheit – Gerechtigkeit – Verantwortung – Solidarität*
  - Arbeitet mit Schlagworten und komplexen Begriffen
    Tempolimit auf der Autobahn widerspricht unseren Grundwerten: Freie Fahrt für freie Bürger!
  Die ethische Argumentation lenkt in eine Common-sense-Richtung, da verantwortliches Denken angesprochen wird. Sie überzeugt jedoch nur jene, welche die gleichen Werte teilen. Verbunden mit der plausiblen Argumentation setzen sie sich fest und sind sehr schwierig zu widerlegen.

---

[2] Gericke (2009) geht ausführlich auf Argumentationstendenzen in Überzeugungsprozessen ein.

Jede der drei Argumentationstendenzen kann zwei Richtungen annehmen:

- **Kontra-Argumentation**
  - Wendet sich gegen eine vorgegebene Meinung
  - Nimmt indirekte Beweisführung vor
  - Wirkt rasch destruktiv, muss daher knapp gehalten werden
- **Pro-Argumentation**
  - Unterstützt die eigene Meinung
  - Eignet sich für eine direkte Beweisführung
  - Wirkt konstruktiv, muss Kontra-Argumentation im Umfang überwiegen

9.4   Argumentatives Begründen von Lösungen

In Verhandlungen reicht die Berücksichtigung dieser Grundtendenzen nicht aus für das argumentative Überzeugen von einer eigenen Position, Lösung oder Forderung. Wenn wir davon ausgehen, dass man sich aufgrund *neutraler objektiver Kriterien* für eine Verhandlungslösung entscheiden soll (vgl. Kap. 4), kann es hilfreich sein, wenn wir die Kriterien, die man der Entscheidung zugrunde legt, in die folgenden vier Kategorien einteilt. Dies erleichtert es einem Gegenüber auch, den eingebrachten Kriterien (und damit den Argumenten) zuzustimmen, weil dadurch Transparenz und Klarheit über Kriterien geschaffen wird.

- **Faktenargumente**
  - Beruhen auf gesicherten Daten
  - Beziehen sich auf zweifelsfreie Sachverhalte
- **Indizienargumente**
  - Ermöglichen Nachweis kausaler Zusammenhänge
  - Erlauben Prognose kausaler Zusammenhänge

Im Sinne der argumentativen Grundtendenzen sind Fakten- und Indizienargumente eindeutig rational aufgebaut: Grund – Folge, Ursache – Wirkung

Demgegenüber enthalten Attest- und Gebotsargumente neben rationalen auch plausible und ethische Aspekte: Mittel – Ziele

- **Attestargumente**
  - Basieren auf Expertengutachten
  - Beruhen auf allgemeingültigen Erfahrungen
- **Gebotsargumente**
  - Berufen sich auf gesellschaftliche Wertvorstellungen

9.5   Mit Nutzen und Vorteilen argumentieren[3]

Die Kraft des Überzeugens hängt stark davon ab, ob der Nutzen bzw. die Vorteile einer Lösung/eines Angebots für die Gegenseite klar ersichtlich sind. Am deutlichsten kommt dies in Verkaufsgesprächen zum Ausdruck. Doch nicht nur Verkäufer verkaufen:

- Ein Einkäufer ‚verkauft' die Vorteile eines Abschlusses.
- Ein Manager ‚verkauft' die Vorteile einer Umorganisation.
- Ein Verhandlungsführer ‚verkauft' die Verhandlungsergebnisse an seine Auftraggeber.
- Ein Wissenschaftler ‚verkauft' ein Forschungsprojekt an potentielle Geldgeber.

In all diesen Fällen heißt ‚verkaufen'

- den Nutzen des Vorschlags mit optimalen Argumenten hervorheben

Eine wirksame Nutzenargumentation setzt bei den Hauptproblemen und den *Bedürfnissen/Interessen der Gegenseite* an.
Unterstützt wird die Nutzenargumentation durch:

- „Das bedeutet für Sie…"
- Nutzen in einen größeren Zusammenhang stellen
- Bilanz ziehen
- Eigenen Vorteil herunterspielen
- Persönliche Erfahrungen einbringen
- Schwachpunkte ansprechen und in Vorteile umdefinieren

9.6   Umgang mit Einwänden

Überzeugen kann man nur, wenn es gelingt, mit den Einwänden der anderen Seite auf gute Weise umzugehen. Bei Einwänden fühlt man sich meist angegriffen. Entsprechend heftig verteidigt man sich dann, oft zum eigenen Schaden. Konstruktiv und überzeugend mit Einwänden umgehen heißt, das Gegenüber als Person und in seinen Interessen ernst nehmen.[4]

---

[3] Die Überlegungen zum Nutzen folgen der Darstellung von Holz (1982, S. 92–96).
[4] Die Beispiele sind z. T. Laminger und Hierhold (1995, S. 86–90) entnommen.

- Das Gegenüber *nicht persönlich angreifen.* Gehen Sie auf den Einwand los und nicht auf die Person. Sagen Sie statt „Das sehen Sie falsch" besser „Das sehe ich anders".
- Einwände *aufgreifen statt ignorieren* oder mit Negationen vom Tisch fegen wollen. Sie haben drei Möglichkeiten, Einwände konstruktiv aufzugreifen:
  - **Einwände akzeptieren**
    Akzeptieren meint hier: Nehmen Sie den Einwand als Signal ernst, als wichtige Äußerung Ihres Gegenübers. Es bedeutet nicht, dass Sie in der Sache selber Ihrem Gegenüber Recht geben. Sie geben damit zu verstehen, dass Sie den Einwand gehört haben und respektieren:
    Ja, ich verstehe diese Bedenken.
    Stimmt, das ist ein wichtiger Punkt.
    Richtig, das muss auch berücksichtigt werden.
  - **Einwände auflösen**
    Versuchen Sie, plakative Einwände aufzulösen, indem Sie anfangen zu differenzieren: Den Einwand *„Das wird zu teuer sein" lösen Sie auf durch „Wenn wir die Folgekosten mitberücksichtigen, die bei der billigeren Lösung in zwei Jahren anstehen, dann ist die jetzige Lösung nicht mehr zu teuer".*
  - **Einwände aufwiegen**
    Oft gelingt es nicht, einen Einwand aufzulösen, u. a. deshalb, weil er einfach stimmt. Dann wäre es ziemlich sinnlos, dagegen anzukämpfen. Stattdessen relativieren Sie seine Bedeutung, indem Sie weitere Fakten einbringen. Führen Sie diese Fakten an als Vorteile, die den Einwand aufwiegen:
    Den Einwand *„Das wird zu lange dauern"* wiegen Sie auf durch *„Stimmt, wir werden sechs Monate brauchen. Dafür haben wir aber die Gewissheit, danach über ein allseits akzeptiertes Verfahren zu verfügen".*

Umgang mit unfairen Methoden

10

10.1 Und wenn einer nicht sachorientiert verhandeln will?

Was tun, wenn Ihr Gegenüber nicht sachorientiert verhandeln will? Wenn er schmeichelt, droht, schwindelt, Zeitdruck vorgibt? Wenn er nicht die Sache, sondern Sie als Person angreift? Wenn er also Verhaltensweisen einsetzt, die wir intuitiv als unfair erkennen? Werden solche Verhaltensweisen eingesetzt, spricht man generell von *Manipulationstechniken*, wobei wir *destruktive* und eigentliche *manipulative Methoden* unterscheiden (vgl. Kap. 3).

Wenn man erfolgreich ein Gespräch führen will, muss man sein Gegenüber beeinflussen. Dies beginnt z. B. damit, dass man nett ist, wenn man von jemandem etwas möchte. Diese Beeinflussung ist häufig unbewusst. Es ist jedoch nicht immer klar zu unterscheiden, was in einem Gespräch notwendige faire Beeinflussung und was bereits Manipulation ist. In Verhandlungen ist die Versuchung besonders groß, unfaire Verhaltensweisen nicht nur unbewusst sondern auch bewusst einzusetzen, weil man Lösungen zum eigenen Vorteil sucht. Wenn Sie feststellen oder auch nur intuitiv wahrnehmen, dass Sie vom Gegenüber manipuliert werden, helfen folgende Leitlinien zu einem souveränen Umgang damit[1]:

- **Reagieren Sie nicht persönlich und konzentrieren Sie sich auf den Sachgehalt!**
  Ziel im Auge behalten

---

[1] Ury (1992) und Fisher et al. (1995, S. 141 ff.) gehen auf die hier empfohlenen Leitlinien ausführlich ein.

© Springer Fachmedien Wiesbaden 2015
U. Alter, *Verhandeln als Kommunikationskompetenz*, essentials,
DOI 10.1007/978-3-658-08015-0_10

Vorsicht mit der Beziehungsfalle: sich nicht provozieren lassen
Keine wichtigen Entscheidungen treffen
* **Schützen Sie sich!**
Zeit gewinnen – Rücksprachen nehmen
An unterstes/oberstes Limit denken
* **Bereiten Sie vor, was Sie tun werden, wenn die Verhandlung scheitert!**
Beste Alternative formulieren und Lösungen/Abbruch daran messen
Nicht drohen, sondern Konsequenzen eines Scheiterns aufzeigen
* **Machen Sie Verhandlungsjudo!**
Nicht inhaltlich argumentieren, sondern neugierig werden
Umfunktionieren durch positive Umdeutungen
Nachfragen, klären und präzisieren lassen durch W-Fragen
Führungsrolle im Gespräch übernehmen
Nicht verteidigen, sondern zur Kritik/zu Lösungen auffordern
Um Rat bitten
* **Erkennen Sie die Taktik und ändern Sie das Spiel!**
Unfaire Taktik ignorieren und sich dumm stellen
Unfaire Taktik artikulieren und Legitimität hinterfragen
Spielregeln des Gesprächs vorschlagen

Bauen Sie Ihrem Gegenüber nach Manipulationsversuchen eine Brücke. Niemand verliert in Verhandlungen gern das Gesicht! Sie können davon ausgehen, dass Manipulationstechniken sofort und elegant unterbunden werden, wenn dem Gegenüber klar wird, dass diese offenbar erkannt werden und wirkungslos sind.

10.2   Destruktive Methoden und Gegenstrategien

* **Direkte Angriffe auf die Person**
  - Frühere Äußerungen vorhalten
  - Frühere Fehler und Versäumnisse vorhalten
  - Sachkenntnis bezweifeln
  - Vertrauens- und Glaubwürdigkeit angreifen
  - Zuständigkeit bezweifeln
  - Bloßstellen
  - Unterstellungen machen
  Nicht auf inhaltliche Diskussion einlassen! Darauf hinweisen, dass diese Angriffe keine Argumentationskraft für das heutige Problem haben (durch Sichtbarmachen, Fragen, Humor). Allenfalls richtigstellen.

- **Einschüchterungsversuche**
  - Laute Sprache
  - Beleidigungen
  - Demonstratives Desinteresse (Blick abwenden, Gestik)
  - Autorität ausspielen

Ruhig und leise bleiben, weiterhin sachlich bleiben und durch überraschende Fragen und unsinnige Aussagen das Gegenüber überraschen (Humor und Ironie) – Schlagfertigkeit anwenden:
„Meinen Sie das wirklich so, wie Sie es sagen?"
„Sie wollen mich doch wohl nicht beleidigen?"
„Ach was …"[2]

10.3 Manipulative Methoden und Gegenstrategien

- **Zermürbungstaktiken**
  - Warten lassen
  - Unfreundliche Gestaltung der Gesprächsatmosphäre
  - Zeitdruck erzeugen – plötzlich Termin vortäuschen
  - Informationen blockieren/selektieren – Erklärungen verweigern
  - Verschleppungstaktiken
  - Mit Daten überhäufen
  - Überraschendes Einbringen (angeblich) neuer Fakten
  - Vereinbarungen uminterpretieren oder einfach nicht einhalten

Vertagen/Verschieben – Abmachungen schriftlich festhalten – Protest (direkt und an höherer Stelle) – Abbruch – Aufdecken und Stellung beziehen lassen – Spielregeln einfordern

- **Simplifizierungen**
  - Killerphrasen
  - Sprüche und Sprichwörter
  - Globale Abqualifizierung der Verständlichkeit und Logik
  - Schwarz-Weiß-Malerei

Mit gezielten Fragen Simplifizierungen konkretisieren lassen – weiterhin sachliche Gegenbehauptungen aufstellen und Antworten verlangen.

- **Blockadestrategien**
  - Keine Antworten auf Fragen geben
  - Nicht verstehen wollen

---

[2] Berkhan (2008) gibt viele praktische Tipps zum Umgang mit destruktiven Methoden.

- Ausweichen
- Gegenstand als nicht verhandelbar hinstellen
- Ablenken
- Verzetteln
- Absichtlich missverstehen
- Viel reden – nichts sagen
- Scheinargumente und Scheininteressen vorbringen

Wirkungsvolle Abwehrtechniken auf solche Blockadestrategien sind:
Fragen und zuhören (Präzisierungstrichter)
‚Positiv‘ unterbrechen
Ignorieren und weitermachen
Dummstellen
Schallplatte mit Sprung auflegen (Wiederholungen machen)
Perspektive wechseln
Aus der Situation treten und Gesprächsverhalten transparent machen

- **Drohstrategien**
  - Drohen
  - Erpressen
  - Mein letztes Angebot, dann.

Nicht auf Drohungen eingehen – Sich schützen mit der Besten Alternative – Verhandlung abbrechen/vertagen – keine Gegendrohungen

- **Emotionale Fallen**
  - Schlechtes Gewissen erzeugen
  - Gefühlsausbruch als legitime Reaktion deklarieren
  - Schmeicheln
  - An Eitelkeit/Prestige appellieren
  - Aufbauschen und Sache emotionalisieren
  - Betroffenheit und allgemeines Unbehagen simulieren
  - Auf emotionaler Ebene Zugeständnisse machen, die zu Gegenleistungen auf sachlicher Ebene führen sollen
  - Vertrauensfrage stellen

Sich schützen, indem man die Taktik erkennt und nicht darauf eingeht – Taktik sichtbar machen und fragen, ob man dies richtig sehe, dass jetzt.

- **Rhetorische Kniffs und Tricks**
  - Selbstverständlichkeitstaktik
  - Ja-Technik
  - Wahl durch Frage vorwegnehmen
  - Scheinalternativen aufstellen
  - Symptom verschreiben

- Hinreichende Gesprächsvoraussetzungen bezweifeln
- Vermutungen und Gerüchte als Tatsachen hinstellen

Die wirksamste Methode gegen diese Tricks liegt im Sichtbarmachen und im anschließenden Vorschlag, zurück zur sachlichen Verhandlung zu kommen – Nicht darauf eingehen.

- **Absichtlicher Betrug**
  - Lügen
  - Bewusste Täuschungen (z. B. Zuständigkeiten)
  - Desinformation

Wenn die bewusste Täuschung erkannt wird, ist es besser, sie als Missverständnis hinzustellen – Sich naiv und überrascht geben und Fakten/Beweise dafür verlangen – Verhandlung vertagen.[3]

---

[3] Edmüller und Wilhelm (2012) haben einen praktischen Leitfaden zu Manipulationstechniken verfasst.

Interkulturelle Verhandlungen 11

Die Globalisierung hat dazu geführt, dass interkulturelle Verhandlungen immer häufiger werden. Vieles von dem, was bisher über eine gute Verhandlungsführung gesagt wurde, hat auch in anderen Kulturen als der eigenen Gültigkeit, ist jedoch nicht einfach übertragbar. Die interkulturelle Verhandlungskompetenz ist bei weitem nicht durch eine perfekte Beherrschung der anderen Sprache gewährleistet. Die Probleme ergeben sich vielmehr aus den unterschiedlichen Wert- und Denksystemen und den unterschiedlichen Gesellschafts- und Organisationsstrukturen. Wer interkulturelle Verhandlungskompetenz aufbauen will, muss folgende Aspekte berücksichtigen:[1]

- **Kulturelle Verallgemeinerungen sind unsinnig**
  - Es gibt nicht „die Chinesen", „die Araber, die Afrikaner" etc.: Individualität und Unterschiede zwischen Menschen bestehen in allen Kulturen!

- **Neben der Nationalität gibt es andere wichtige kulturelle Einflüsse**
  - Berufskultur (diese kann positiv genutzt werden, so können sich z. B. Ingenieure aus verschiedenen Kulturen besser verstehen als unterschiedliche Berufsgruppen aus der gleichen Kultur!)
  - Unternehmenskultur
  - Verhandlungskultur

---

[1] Die hier aufgelisteten Aspekte sind eine Zusammenfassung von Racine (2004). Vgl. dazu auch Saner (2008, S. 249–262).

© Springer Fachmedien Wiesbaden 2015
U. Alter, *Verhandeln als Kommunikationskompetenz*, essentials,
DOI 10.1007/978-3-658-08015-0_11 53

- Politische Kultur
- Religiöse Kultur

• **Beziehungsverständnis und Kommunikation sind in Kulturen verschieden und gleichzeitig zentral für erfolgreiche Verhandlungen**
  - Das Beziehungsverständnis ist stark kulturell geprägt.
  - Kultur hat grundsätzlich mit Sprache zu tun – gleichzeitig ist die Sprache/Kommunikation das entscheidende Mittel der Verhandlungsführung.
  - Da interkulturelle Verhandlungen zwischen Beteiligten stattfinden, die nicht die gleiche Muttersprache sprechen, kommen Missverständnisse häufiger vor.
  - Die größten sprachbedingten Stolpersteine werden mit der Wahl von Englisch als Verhandlungssprache umgangen. Vorsicht ist geboten, sobald Personen englischer Muttersprache an der Verhandlung beteiligt sind.

• **In Verhandlungen prallen unterschiedliche Sichtweisen aufeinander. Diese sind jedoch stark kulturell geprägt**
  - Wie ich etwas wahrnehme und einordne, hat mit den Werten der eigenen Kultur zu tun.
  - Unterschiede der Sichtweisen sind im interkulturellen Umfeld viel ausgeprägter als unter Mitgliedern der eigenen Kultur.

• **Das Harvard-Konzept stellt universell gültige Lösungsansätze zur Verfügung**
  - Zwischen Sachfragen und personenbezogenen Problemen unterscheiden, um so die Wahrnehmung zu schärfen und unterschiedliche Sichtweisen zu verstehen
  - Der Qualität der Kommunikation besondere Beachtung schenken durch vermehrtes Einsetzen von aktivem Zuhören
  - Auf Vorurteile achten, weil diese die Wahrnehmung und das Verstehen verzerren
  - Interesse und Vorstellung erforschen statt Standpunkte vertreten und durchsetzen
  - Mehrere Optionen gemeinsam erarbeiten
  - Neutrale und gemeinsam bestimmte Entscheidungskriterien anwenden
  - Im Voraus überlegen, wie beim Scheitern gehandelt wird (Beste Alternative)

- **Zur interkulturelle Verhandlungskompetenz gehört erhöhte Aufmerksamkeit**
  - Vorsicht bei Umgangsformen
  - Vorsicht beim Treffen von Annahmen
  - Vorsicht beim Interpretieren von Aussagen und Verhalten
  - Vorsicht beim Übertragen von bisherigen Erfahrungen mit der eigenen Kultur
  - Vorsicht beim vorschnellen Verstehen
  - Vorsicht beim Zeitfaktor

- **Es ist wichtig, der Verhandlungsarchitektur besondere Aufmerksamkeit zu widmen.** Dazu gehören Verhandlungen über
  - Gewählte Sprache und Übersetzungen
  - Örtlichkeiten
  - Zusammenstellung einer Verhandlungsdelegation
  - Schaffung von Arbeitsgruppen
  - Agenden von Sitzungen
  - Protokoll
  - Zeitmanagement
  - Gesprächsspielregeln
  - Entscheidungsmechanismen
  - Gesellschaftsanlässe

Durch eine gute *Vorbereitung* können die Probleme bei interkulturellen Verhandlungen sehr stark reduziert werden. Erbacher (2010, S. 114) hat dazu folgende kulturspezifische Fragen zu drei Bereichen zusammengestellt:

- **Verhalten und Argumentation**
  - Welche Verhaltensweisen werden erwartet? Was bedeuten sie?
  - Welche Art von Argumenten werden als gültig angesehen?
  - Welche Argumentationsweisen und Präsentationstechniken werden üblicherweise zum Überzeugen verwendet?
  - Durch welche Verhaltensweisen und Argumente könnten Missverständnisse entstehen?

- **Beziehung**
  - Wie wird eine gute Beziehung hergestellt? Welche Symbole und Handlungen schaffen Vertrauen? Wodurch zeichnet sich ein vertrauenswürdiger Geschäftspartner aus?

- – Wie wichtig ist die Beziehung für den Verhandlungserfolg?
- – Wie werden Konflikte wahrgenommen und ausgetragen?

- **Unternehmensstrukturen und Ergebnisse**
  - – Welches Unternehmenssystem, welche Hierarchien und welcher Führungs-
    stil bestehen beim Verhandlungspartner?
  - – Welche Entscheidungswege gibt es?
  - – Wie viel Zeit beanspruchen Entscheidungen?
  - – Wie werden Ergebnisse festgehalten?

Interkulturelle Verhandlungskompetenz wird letztlich nur durch Kenntnis des Lan-
des und der darin gepflegten Kommunikations- und Verhaltensmuster aufgebaut.
Für das Aneignen solcher Kenntnisse und die damit verbundenen Fähigkeiten ist
es sinnvoll, spezielle Trainings zu absolvieren, die bereits sehr häufig angeboten
werden.

Was Sie aus diesem Essential mitnehmen können

- Verhandeln findet in allen Bereichen des Lebens statt, wo Menschen unterschiedliche Interessen haben. Diese Interessenkonflikte löst man nicht durch harte oder weiche Gesprächsstrategien, sondern durch Konzentration auf den Sachgehalt des Konflikts.
- Eine erfolgreiche Verhandlung beginnt mit einer guten Vorbereitung. Diese Vorbereitung muss sich mit dem Sach- und dem Beziehungsaspekt der Verhandlungssituation gleichermaßen auseinandersetzen.
- In Verhandlungen geht es nicht um das Durchsetzen des eigenen Standpunkts, sondern um eine Lösung, die beiden Verhandlungspartnern dient. Denn oft muss man nach Verhandlungen weiterhin zusammenarbeiten und zusammenleben.
- Die grundlegenden Kommunikationskompetenzen beim Verhandeln sind Wertschätzung zeigen, offene Fragen stellen und Zuhören können. Überzeugen hat dabei viel mehr mit Vertrauen und dem Aufbau einer guten Beziehung zu tun als mit guten Argumenten.
- Manipulationstechniken begegnet man am besten durch Gelassenheit, Ignorieren und Rückfragen.

© Springer Fachmedien Wiesbaden 2015
U. Alter, *Verhandeln als Kommunikationskompetenz*, essentials,
DOI 10.1007/978-3-658-08015-0

Literatur

Alter, U. (2011). Verhandeln. In F. Bamert (Hrsg.), *Musikmanagement. Der Leitfaden für die Praxis* (S. 171–181). Bern: Haupt.

Alter, U. (2015). *Kommunikationsgrundlagen für Führungskräfte, essentials.* Wiesbaden: Springer Fachbuchverlag (in Vorbereitung).

Berckhan, B. (2012). *Judo mit Worten. Wie Sie gelassen Kontra geben* (6. Aufl.). München: Kösel.

Conger, J. (1999). Die hohe Kunst des Überzeugens. *Harvard Business Manager, 1,* 31–41.

Erbacher, C. E. (2010). *Grundzüge der Verhandlungsführung* (3. verb. Aufl.). Zürich: vdf Hochschulverlag.

Edmüller, A., & Wilhelm, T. (2012). *Manipulationstechniken* (2. Aufl.). Freiburg: Haufe.

Fisher, R., & Ertel, D. (2000). *Arbeitsbuch Verhandeln. So bereiten Sie sich schrittweise vor.* Frankfurt a. M.: Campus.

Fisher, R., & Shapiro, D. (2008). *Erfolgreich verhandeln mit Gefühl und Verstand.* Frankfurt a. M.: Campus.

Fisher, R., Ury, W., & Patton, B. (2009). *Das Harvard-Konzept. Sachgerecht verhandeln – erfolgreich verhandeln* (23. Aufl.). Frankfurt a. M.: Campus.

Gericke, C. (2009). *Die Kunst zu überzeugen und sich durchzusetzen* (4. Aufl.). Berlin: Cornelsen.

Goossens, F. (1988). *Konferenz, Verhandlung, Meeting. Das Trainingsbuch zur Optimierung von Besprechungen aller Art.* München: Wilhelm Heyne.

Hierhold, E., & Laminger E. (1995). *Gewinnend argumentieren. Konsequent, erfolgreich, zielsicher.* Wien: Ueberreuter.

Holz, F. (1982). *Methoden fairer und unfairer Verhandlungsführung* (2. Aufl.). Zürich: Weka.

Montada, L., & Kals, E. (2013). *Mediation: Psychologische Grundlagen und Perspektiven.* Weinheim: Belz.

Racine, J. (2004). *Erfolgreiches Verhandeln mit fremden Geschäftspartnern.* Bern: Osec Business Network Switzerland.

Saner, R. (2008). *Verhandlungstechnik. Strategie, Taktik, Motivation, Verhalten, Delegationsführung.* Bern: Haupt.

© Springer Fachmedien Wiesbaden 2015
U. Alter, *Verhandeln als Kommunikationskompetenz*, essentials,
DOI 10.1007/978-3-658-08015-0

Thiele, A. (2006). *Die Kunst zu überzeugen. Faire und unfaire Dialektik* (8. Aufl.). Berlin: Springer.

Wyss, R., & Pelosi, L. (2013). *Besser verhandeln im Alltag. Die wichtigsten Verhandlungstechniken richtig anwenden. Mit vielen Praxisbeispielen.* Zürich: Beobachter.